ありがとうの
小さな練習帳

幸せを招き寄せる
感謝のレッスン26

ロバート・A・エモンズ 著
Lurrie Yu 訳

プレジデント社

「ありがとう」の世界的権威である
デービッド・スタインドル゠ラストに
90歳の誕生日への
祝意と敬愛の念を込めて

THE LITTLE BOOK OF GRATITUDE
By Robert A Emmons
First published in Great Britain in 2016 by Gaia Books,
a division of Octopus Publishing Group Ltd, Carmelite House,
50 Victoria Embankment, London EC4Y 0DZ
Text copyright © Robert A Emmons 2016
Design and layout copyright © Octopus Publishing Group Ltd 2016
All rights reserved.

Robert A Emmons asserts the moral right
to be identified as the author of this work.
Japanese translation published by arrangement with
Octopus Publishing Group Ltd. through The English
Agency(Japan) Ltd.

Contents

はじめに
5

第1章
「ありがとう」とは？
7

第2章
「ありがとう」の恩恵
17

第3章
なぜ「ありがとう」は効くの？
27

第4章
さあ、感謝の気持ちを表そう
39

第5章
「ありがとう」について誤解されていること
49

第6章
「ありがとう」の3つのステップ
63

第7章
「ありがとう」ってどんなイメージ？
75

第8章
最後のレッスン
87

はじめに

　いま世界中で、「ありがとう」の大切さを見直す気運が芽生えています。「感謝」の感情にまつわる科学や習慣への関心がかつてなく高まっているのは、素晴らしいことだと思います。感謝の念を覚え、それを表現すると、心が強くなり、自分自身が幸せになるだけでなく、ほかの人にも幸せを届けることができるのです。『サイエンティフィック・アメリカン』誌に2015年に掲載されたある記事にも、愛情、希望、親切心、創造性といった美徳を含む人間の24の魅力のうち、よい人間関係や情緒の安定にもっともつながりやすいのは感謝の気持ちであると書かれています。

　感謝の気持ちは、良薬であり、優しさであり、心に温もりをもたらすばかりでなく、より大きな幸せや健康につながる道でもあります。そしてさらに、人生と真正面から向き合うことでもあります。いまの自分があるのも、これまで生きてこられたのも、多くの人の助けがあったからこそです。ありがとうの気持ちを大切にして生きるとは、本気で生きていくことでもあり、誠意をもって自分自身に忠実に生きるための、最良の方法なのです。

感謝学の権威、デービッド・スタインドル＝ラストは、ものごとを前に進ませる原動力は、情報ではなく、熱意や献身だと述べています。世界的な"ありがとう運動"を盛り上げるのは、「ありがとうの心を大切にして毎日を送れば、充実した意味ある人生を送ることができる」と気づいた人たちの情熱です。あなたもこの輪に加わりませんか。

第 **1** 章

「ありがとう」とは？

「ありがとう」とは
ものの見方を変えること

ありがとうが世の中を変える

「ありがとうの精神は、個人の幸せや集団の繁栄に欠かせないものだ」という気づきが、学校、心療内科、医療センター、職場、さらには学問の世界にも広まりつつあり、その勢いを増しています。

これは主にふたつの理由によります。ひとつには、ありがとうの「効果」を示す事例が増えているのです。相手の思慮深さに感激する、自然の驚異に心を揺さぶられる、人生の醍醐味に目覚めるといった、数々の魔法のような瞬間……。きっかけは何にせよ、ありがとうの気持ちがわき上がってくると、人生があらゆる意味で充実するといっても、言い過ぎではありません。その効果は長く続き、数字で表すこともできます。

もうひとつの理由として、ありがとうの習慣は誰でもすぐに実践できるということがあります。年齢や収入に関係なく、子どもからお年寄りまで、人生のどのステージにいても、どんな人であっても実践できます。感謝の気持ちを抱き、それを誰かに伝えると、人生のあらゆる面に素晴らしい波及効果があります。幸せ、よい人間関係、心の

平穏、健康、調和、充足感といった、人間のもっとも根源的な望みに"効く"こともあるのです。

　ありがとうの習慣は誰でも身に付けられるといっても、感謝の気持ちはすぐに忘れてしまうものでもあります。意識して慎重に実践しないことには、三日坊主で終わるでしょう。ですから、心して実践し、ありがとうの気持ちを日々大切に育てていく必要があります。この本では、ありがとうという感情を培うための科学に根ざした練習方法を紹介していきます。

　感謝の気持ちに満ちた人生を送る第1歩は、素晴らしいものを素晴らしいと認め、誰が、あるいは何がそれをもたらしてくれたのか気づくことです。つまり、「人生は恵まれていて当たり前、という考えは誤りで、素晴らしい経験や出会いはすべて授かり物であり、与えられて当然のものなどない」という悟りが大切なのです。

「ありがとう」とは
　ものの見方を変えること

書き留める

　感謝の気持ちがわいてくるように、まずは簡単な練習をしましょう。

　誰かのおかげで最近、あなたの身に何かよいことが起きませんでしたか？ そのうちのどれかひとつについてじっくり考えて、書き留めましょう。以下の例を参考にしてください。この練習は、ありがとうという感情を掘り下げるための、出発点になるでしょう。また、人生の素晴らしさに気づいてその価値を胸に刻むことにより、満足感や自由を手に入れるための、きっかけにもなるはずです。

▶◀ あの日、＿＿＿＿＿＿＿＿＿＿（名前／どんな人か）が
　時間や手間をかけて＿＿＿＿＿＿＿＿＿をしてくれて、
　本当にうれしかった。

▶◀ 彼／彼女は自分のために＿＿＿＿＿＿＿＿＿＿＿を
　してもよかったはずなのに、
　わざわざ＿＿＿＿＿＿＿＿＿＿＿＿＿＿＿＿＿を
　してくれたのだから、わたしは幸せな気分だった。

▶◀ おかげでわたしは＿＿＿＿＿＿＿＿＿＿＿＿＿＿＿
することができ（という恩恵にあずかり）、
＿＿＿＿＿＿＿＿＿＿＿＿＿＿＿＿＿＿と感じた。
ありがとう、＿＿＿＿＿＿＿＿＿＿＿＿＿＿さん。

ありがとうって何だろう？

「自分だけではできないことをしてもらった」と気づかないかぎり、感謝に満ちた人生は送れません。ありがとうの念は、①周囲の助けに気づき、②その価値を理解する、というふたつの段階を経てわき上がってきます。「よいことがあった」「これは誰か／何かのおかげで実現した」という意識が土台になるのです。

いいことがあったとき、
その原因は自分以外のものであると考えると
感謝の気持ちが生まれる

　ふたつの段階はどちらも大切です。「ありがとう」は、自分ではなく他者に向けられるものです。誰かが意識的に何かの犠牲を払って、価値あるものを差し出してくれたとき、わたしたちは感謝の気持ちを抱くのです。受け取る側は、それが贈り物——相手が進んで差し出してくれた素晴らしいもの——であることに、気づく必要があります。ですから、①恩恵が与えられた事実を頭で理解する、②そのありがたみを受け止める、③贈り物と贈り手の両方に心から感謝する、という、少なくとも3つの反応が積み重なったものが、「ありがとう」なのです。そう、「贈り物」はもらう権利も与える義務もないものです。もっぱら好意による行いに、人は感謝の念を覚えるのです。

　ありがとうと感じたとき、わたしたちは恩恵を受けたことを意識し、その価値を知り、相手の好意に心を動かされ、（何となくにせよ）「もらって当たり前ではない」とも気づくはずです。自分に当然の権利があるわけでは

なく、相手の思いやり、心の広さ、あるいは愛情によって惜しみなく与えられたものだ、という気づき。それが感謝の原点です。ありがとうとは、単によい気分に浸ったり、より大きな幸せを手にしたりするためのものではありません。うれしい気持ちになって、よい行いをする——そのきっかけになるのが、「ありがとう」なのです。

自己変革の力

　わたしがなぜ「感謝」について研究をしているのかと聞かれたら、こう答えるでしょう。ほかに選択肢がなかったから。これは、作家のスティーヴン・キングが、アメリカのテレビ番組『60ミニッツ』で「どうしてホラー小説を書くのですか」と質問されたときの答えと同じです。キングは分厚いメガネの奥から相手をじっと見つめ、「ほかに選択肢があるとでも？」と問い返しました。わたしは、「感謝の心が持つ自己変革の力について、多くの人に伝えたい」という思いに突き動かされています。

わたしが感謝の感情に関心を持ったのは、ある課題がきっかけでした。学会に備えて、感謝の感情を科学的に扱った文献について詳しく調べる必要が生じたのです。いま振り返れば、それはこれまでの人生で最高の課題でした。ところが困ったことに、当時そのような文献は見当たりませんでした。人間の感情に関する研究領域では、「感謝」は忘れ去られていたのです。わたしは「これはチャンス！」とばかりに、さっそく調査に乗り出しまし

ありがとうは、
善良で偉大な人間になるための跳躍台

た。ありがとうの効果を測るための研究プランを立て、その普遍的な魅力の本質を探るために、神学、哲学、社会科学の文献を読み漁りました。そしてすぐに、「ありがとう」と感じる能力は、人間社会に深く根を下ろしていて、それがなければ人類の繁栄はありえなかったと、確信するようになったのです。

第 **2** 章

「ありがとう」の恩恵

ありがとうがもたらす恵みはわたしたちの
想像をこえている

ありがとうがもたらす恵み

　感謝の気持ちは、心、からだ、社会に、数え切れないほどの恩恵をもたらします。近年の多くの研究によって、健康や幸福への効果が確認されています。それらの臨床試験、実験、大規模なアンケートからは、ありがとうの習慣はあきらかに効果をもたらし、しかもその効果は持続することがわかっています。

- 医療関係の仕事に就く人々に、感謝の気持ちを2週間にわたって日記に綴ってもらったところ、ストレスや鬱(うつ)が減り、その効果が持続しているという回答が、それぞれ28％と16％に上った。

- ありがとうの習慣がある人は、そうでない人とくらべてストレスホルモン（コルチゾール）の分泌が23％少ない。

- 感謝の気持ちを記録すると脂肪の摂取量が25％も減る。

- 自殺未遂による入院患者が感謝の思い伝える手紙を

書いたところ、88％が「夢も希望もない」という状態から少し立ち直り、94％が以前よりも楽観的になった。

▶◀ ありがとうの効果によって、慢性的な痛みを抱える人（その76％は不眠症にも悩んでいた）の睡眠の質が10％改善し、気分の落ち込みが19％軽減した。

　ありがとうの習慣を身に付けると、感情をコントロールできるようになり、ひいては、からだにもよい効果がおよびます。これを治療法として見た場合、少ない費用ですぐに効果が上がり、誰でも利用できるという利点があります。これまでのところ、悪い副作用は見つかっていません。もちろん、感謝の気持ちだけですべてが解決するわけではありませんが、従来の療法の効果を著しく高めることができるのです。

　ありがとうの恩恵は、ほかにもあります。そのうちのごく一部を紹介すると、自尊心や意志力、よい人間関係、深い精神性、高い創造力などが得られ、スポーツや勉学の成果も向上します。このように、感謝の精神は、幅広い効果をもたらすので、「優れた資質の典型」とされているのも当

然でしょう。それはまた、自分、他人、世の中のよい面を伸ばすことにつながり、癒しや励ましを後押しし、人生の新たな扉を開いてくれるともいわれています。

寝る前に羊を数える代わりに……

　感謝の気持ちを抱くとよく眠れることは、いくつもの研究からわかっています。ここでは、眠る前にいやなことを考えるのをやめて頭を切り替え、心とからだを落ち着ける方法を紹介します。これを実践すればすぐに眠りに落ち、睡眠の質が高まるでしょう。

▶▶▶ これから1週間、毎晩15分をかけて、ありがたいと感じた出来事、経験、対人関係を書き留めてください。頭に浮かべるだけでなく、書き留めることによって、その中身が深く心に刻まれ、よい気分が長続きします。就寝の1時間ほど前に行うのがベストです。同じことを繰り返し書くのではなく、毎晩、内容を変えるよう心がけましょう。

▶▶▶ ベッドに入ってから眠りに落ちるまでのあいだは、楽しみなこと、うれしかったことに意識を集中してください。家族や友人のお祝いごと。寝室を流れる心地よい音色。健康のありがたさ。休暇や旅行などの予定。ここ数日間の楽しかったこと。思い切りくつろいでいる自分。ほかの人から受けた心づかい、など。

ありがとうと脳の関係

　わたしたちが贈り物をもらい、感謝の念を抱いたとき、脳のどの部分が活性化しているのでしょうか。ありがとうの気持ちは、認識と感情が複雑に絡み合って生まれるものですから、脳のいくつもの部位が関係している可能性が高そうです。脳スキャンをしてもそれらの部位は簡単には特定できません。それでも最近の神経画像研究からは、ありがとうと感じているとき脳内で何が起きているかについて、重要なことがわかってきました。

　最近の脳の研究から、ありがとうという気持ちがほかの複雑な感情と同じように、脳の複数の部位を同時に活性化させることが、あきらかになりました。具体的には、社会的概念、感情的な反応、論理、感覚処理に関わる部位です。それだけではありません。感謝の念がわき上がると、脳の報酬回路や視床下部に刺激が伝わり、ホルモンが分泌されたり、からだが反応したりすることもわかっています。

　南カリフォルニア大学の研究チームは、大虐殺（ホロコースト）からの生還という劇的な状況での感謝の念について調べました。

大虐殺に巻き込まれながらも九死に一生を得たらどう感じるか、そのときの感謝の念はどれくらいか、被験者に想像してもらいながら、脳の活動状況をfMRI(機能的磁気共鳴画像診断装置)で記録したのです。すると、脳の報酬回路の周辺が活性化する様子が見えました。つまり、ありがとうの感情は、倫理、他者とのつながり、相手の視点の理解などを司る脳内の部位を刺激することが、あきらかになったのです。

ありがとうという感情は、脳の肥料のようなものです。脳神経のつながりを広げ、あらゆる経験を通じて脳の機能を向上させてくれます。神経科学者のリック・ハンソンは、「脳は心の状態を映し出す」と語っています。悩み、悲しみ、不満、苛立ちなどが心に巣食っていると、脳神経的には不安、憂鬱、怒りという感情が生まれます。逆に、「ありがとう」の指令が届くと、脳は感謝すべき出来事を探す能力を発揮して、感謝する態勢を整えるでしょう。わたしたちが何かをするたびに脳神経どうしのつながりが生まれ、同じ行動を繰り返すと、そのつながりは強まっていきます。心の状態が、脳に持続する変化をおよぼすのです。

　以上のことからわかるように、ありがとうの気持ちを抱くと、そのときどきに幸せを感じるだけでなく、以後もわたしたちの心の奥深くに幸福感が宿り続けるのです。

3 ありがとうの練習

サプライズと旅

　脳には、新しい刺激や変化を求める傾向があります。新しい刺激に反応するのは、中脳の黒質や腹側被蓋野と呼ばれる部分です。日記を付けたり、ソーシャルメディアに感謝の言葉を記したりするときには、意表を衝かれた出来事、予期していなかった親切、いままでになかった特別な経験などに目を向けましょう（頭のなかで考えるだけでもかまいません）。すると、黒質と腹側被蓋野が活性化して、脳内の記憶と学習に関わる領域をつなぐ役割を果たすようになります。ありがとうという思いを日々新たにすると、認知能力や神経に好ましい効果が期待できるのです。

▶◀ 感謝の気持ちを絶やさないためには、「驚き」という要素が助けになります。「今日のありがとうには、どんな驚きがあっただろう？」と、1日おきに1週間胸に手を当てて考えてみてください。こうすると、日々の暮らしのなかの「驚き」が見つかって心に変化が芽生え、心と脳の好循環が生まれます。

第2章 「ありがとう」の恩恵　25

🎀 旅は一服の清涼剤のように、感謝の気持ちを刺激してくれます。あなたにとって、感謝の念を呼び覚ます場所はありますか。それは家族でよく訪れた保養地、聖地、あるいは自然豊かな景勝地かもしれません。生物学者のアーシュラ・グデナフは、『自然の聖なる奥深さ（*The Sacred Depths of Nature*）』という本のなかでこう述べています。「自然の美しさが持つ豊かさと雄大さに触れると、わたしたちは畏怖し、驚嘆する。そして、喜びと感謝に包まれる」。見たことのないような特別な風景は、脳裏に刻まれます。わざわざ遠くの風変わりな場所に旅をする必要はありません。通勤ルートを変えてみる、車をやめて自転車に乗る、近所を散歩する、といったことでもよいのです。脳が喜び、心が洗われ、創造性が大きく花開くでしょう。

**感謝の気持ちを呼び起こす
場所や空間を探してみましょう**

第 **3** 章

なぜ「ありがとう」は効くの？

「ありがとう」がいいことづくめなのには
理由があります

ありがとうのＡＲＣ効果とは

　わたしたちはどのようなときにありがたく感じるのか、直感的に知っています。ですが、心の底からの感謝の気持ちは、多くの場合、予期せずわき上がってきて、すぐに消えてしまいます。この感情がなぜ、どのようにして生まれるのかがわかると、本物の「ありがとう」をごく自然に感じられるようになるでしょう。ありがとうは、増強（Amplify）、救い（Rescue）、つながり（Connect）といったＡＲＣ効果を持ちます。

❶ **感謝の気持ちはよい面を増強する**：感謝を示すと、それによって自分、他人、そして世の中のよい面が増強されます。ありがとうの心によって、よい面がより確かなものとなり、内面の奥深くにしっかり根を下ろすため、価値が高まるのです。深い洞察をもとに多くの著作を残した作家にして哲学者のＧ・Ｋ・チェスタトンは、こう述べています。「物質のありのままの姿に接してこれほどまでに強烈な歓喜を抱くのは、おそらくわたしだけだろう。水の驚くべき性質に心を動かされ、陶酔する。炎の激しさ、鋼鉄の固さ、泥の持つ言いようのない泥臭さ……」。

「偏執狂」を意味する「パラノイア」という言葉は聞いたことがあるでしょうが、「プロノイア」はどうでしょう。これは、「みんなが示し合わせて自分を助けようとしている」という妄想を意味する言葉です。J・D・サリンジャーの短編小説『大工よ、屋根の梁を高く上げよ』にある、「みんながわたしを幸せにしようと企てているようだ」という一節は、プロノイアの傾向をうかがわせます。感謝の気持ちであふれる人々も、これと同じ傾向を持っています。世の中によい行いを期待し、それに目を留め、感謝の念を常に意識し、誰にでも心よくおすそわけして、自分と他人のよい面を増強していくのです。

**ありがとうは、ものごとの
よい面に光を当てます**

❷ **感謝の気持ちは救いをもたらす**：わたしたちの心は、放っておくと、幸せになるチャンスをことごとく潰してしまいます。後ろ向きな気持ち、主張や要求、怒り、忘れっぽさ、不義理などのせいで、チャンスから注意が逸れてしまうのです。自分の考えや日々のニュース

の影響により、わたしたちはしばしば後ろ向きになりがちです。お金の心配、人間関係のゴタゴタ、世界規模の紛争、健康面の不安などが持ち上がると、希望を失いそうになるでしょう。

これでは、心身ともに疲れ果ててしまいます。絶えず押し寄せるマイナス要因を打ち消すには、素晴らしい経験をして、それを心に刻みつける必要があります。喜びや楽しみを奪おうとするさまざまな脅威に対抗するうえで、ありがとうは最高の「武器」になります。感謝する心が、幸せのチャンスを遠ざける邪魔物からわたしたちを救い、充足感や内面の平安を取り戻してくれるのです。

❸**感謝の気持ちはつながりをもたらす**：わたしたちはひとりでは生きていけませんが、感謝の心がないと人間関係に綻びが生じてしまいます。ありがとうには、あたかもセメントや接着剤のように、人間関係に生じたヒビを埋めたり、関係を強めて確かなものにしたりする働きがあるのです。これがなければ、周囲との関係が損なわれ、組織、家庭、社会は崩れていくでしょう。

ありがとうの練習

不安を解消するための よい方法、悪い方法

▶◀ 他人の好意に注意を向ける

　そうすると、ありがとうの気持ちがわいてきて、「周囲の温かさに助けられている」と感じます。人生への感謝を絶やさずにいると、大切な人間関係や人々の親切が長く記憶にとどまり、それらを「当然」として片づけたりすることが少なくなっていきます。

▶◀ 恩を大切にする

　何かをしてもらった経験と、してもらえなかった経験。前者を意識すると充足感が強まり、後者は逆に欠落感につながります。

▶◀ 自分の感情を受けいれる

　ありがとうの感情は、喜び、満足、希望など、好ましい感情を引き寄せ、それらが免疫や内分泌などの仕組みをとおして、からだにもよい効果をもたらします。人生への感謝はストレスを撃退するため、感謝の気持ちを胸に抱く人は、そうでない人よりも、不透明で曖昧な状況や、不安を引き起こす状況にうまく対処できるのです。

▶▶◀ 他人と自分をくらべない

　いかにも恵まれていそうな人と自分とをくらべると、心がざわつきます。「自分も〜がほしい」という思いに駆られると、幸せや安心が逃げていってしまいます。それよりも、「いま自分のもとにある素晴らしい恵みの数々がもしなかったら、どんな人生になっていただろう」と想像するほうが、はるかに健全でしょう。

▶▶◀ 嫉妬や後悔にさよならを

　ありがとうの心には、不安につながる感情を遠ざける働きがあります。ありがとうの心を大切にすれば、嫉妬したり、いつまでもクヨクヨしたりする生き方に別れを告げることができます。

▶▶◀ 世の中とのつながりを保つ

　社会の一員でありたい、世の中とつながっていたいという欲求は、誰もが心の奥深くに持っているものです。自分の時間も大切ではありますが、孤独は後ろ向きの感情です。ひとりの時間を持つことと、殻に閉じこもることは違います。

5 ありがとうの練習

他人とふれあう

　ふれあいは「ありがとう」の気持ちを呼び起こします。それと同じように、感謝をきっかけに「ふれあいたい」と思う場合があります。今度、誰かに対して感謝の気持ちを感じたときは、相手を抱きしめたり、手や肩にそっと触れたりしましょう。

▶◀ そうすることによって、感謝の念は強まりましたか?

▶◀ 相手との絆の深まりを感じましたか?

▶◀ その実感をどうすれば失わずにいられるでしょう?

 **6** ありがとうの練習

間接的なありがとう

　感謝の気持ちを伝えるチャンスであるにもかかわらず、えてして見過ごしがちなのが、家族や友人が誰かから恩を受けた場合です。あなたの大切な人に手を差し伸べてくれた人のことを、考えてみましょう。あなたが忙しかったときに、代わりに手助けをしてくれた人。あなたのできないことを代わってやってくれた人。あるいは、あなたの大切な人たちを慰めたり、支えたりしてくれた人。そのときどんな状況だったでしょうか。あなたは、お礼の気持ちをどう表しましたか。

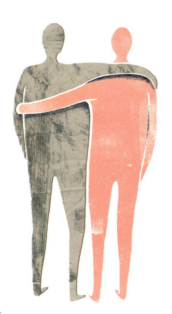

ありがとうの練習

「内観」してみる

　自分は何をしてもらっただろう。ほかの人々に何をしてあげただろう。どんな迷惑をかけてきただろう。
　……これら3つの問いは、吉本伊信という日本の僧侶が考案した「内観」という瞑想法の土台をなすものです。人生の真実を掴み取れるように、自分の内面を詳しく調べよう、というわけです。これらの問いについてじっくり考えると、ひらめきが得られ、恩を感じ、感謝の念がわいてきます。その結果、自分中心の発想を抜け出して、他者への配慮や思いやりを強めよう、という気になります。すると、自分が受けた助けや恩恵に対して、以前よりも強く感謝するようになるのです。

▶︎ 1週間にわたって毎日1時間をかけて、そのときどきで違う人を思い浮かべながら、最初に紹介した3つの基本的な問いについて考えましょう。

▶︎ ごく近しい人にありがとうの気持ちをうまく伝えられないのは、何が原因なのか、胸に手を当ててみましょう。

第3章　なぜ「ありがとう」は効くの?

▶◀ 自分の弱さや欠点を見つけるために、親友や家族に協力してもらいましょう。誠実さを心がけ、相手の言うことを謙虚に受け止めましょう。

▶◀ 自己告白と自省のために時間を空けてください。「考えが足りなかったり、自分中心だったりしたせいで、誰かを傷つけなかっただろうか」と自問しましょう。その人との関係を修復するために、お詫びの言葉を書いてみましょう。内観を実践すると、過去から現在にいたるまで、自分がどのような助けを受けてきたか、そしてまた、自分の判断によって他人にどんな迷惑をかけてきたかを、正直に、ありのままに探ることができます。人生の素晴らしさ、他人との相互依存、自分の行動への責任などを意識すると、人生を深く味わい、感謝するようになります。

第4章

さあ、感謝の気持ちを表そう

自分の心とうまく付き合うことができれば
世の中ともうまく付き合えます

よいことがあったら
お祝いをしましょう

　感謝の心を持つと、必ずといってよいほど、とても大きな強みが手に入ります。すでに述べたように、学術的な研究からも、ありがとうの念に満ちあふれた人は、素晴らしい人生を送る可能性が高いことがわかっています。ですが、ありがとうの習慣から恩恵を受け続けるためには、感謝の気持ちを呼び覚ます出来事や感謝すべき状況を見逃さないよう心がけ、ほかの人たちとも共有しなくてはなりません。これがありがとうの習慣をうまく身に付けるための鍵です。

8 ありがとうの練習

昨日のありがとうを思い出す

昨日うまくいったことを3つ思い出してください。

▶▶▶ それらはなぜうまくいったのでしょうか？

▶▶▶ そのときどれくらい感謝しましたか？

▶▶▶ そのことを誰かに話しましたか？

成果の大小にかかわらず、誰かに「うまくいった」ことを伝えると、人生の素晴らしさを祝福できます。来週は毎日これを実践しましょう。

第4章 さあ、感謝の気持ちを表そう

9 ありがとうの練習

今日のありがとうを5つ

　感謝の思いを何度もかみしめたり、思い起こしたりしても、それだけでは満ち足りた人生を送ることはできません。大切なのはむしろ、日々の暮らしの中で恵みや助けを得る無数の方法に気づくこと。肝心なのは、なんでもないように見えることも含めて、うまくいっていることをすべて見つけ出し、大切にするという、毎日の習慣です。

▶▶▶ 毎日、記録を付けましょう。ありがたいと感じたことを5つ、それが誰の、あるいは何のおかげであるかとともに、書き留めるのです。「5つも挙げられない」という場合は、思いついたぶんだけでかまいません。書き留めることで、感謝の気持ちがより確かなものになります。また、後から読み返して、「こんないいことがあって、ありがたく感じた」と思い起こすこともできるのです。

「ありがとう」の思いを育てる

　感謝という視点から、過去から現在までの自分の人生と向き合うと、心が穏やかになり、それにつれてこれまでの経験の受け止め方も前向きな方向へと変わりはじめます。

　すると、自らのふるまいまでも変化しはじめたことに気づくでしょう。自分の人生をこれまでとは違った幅広い視点で解釈すると、出来事への対応の仕方、他人への反応の仕方にも変化が起きるのです。現実とは、えてして思いどおりにはならないものです。そのような現実に直面してもへこたれず、柔軟に気持ちを切り替える能力こそが、感謝の気持ちを育むことのできる人に共通する強みなのです。

「わたしが何よりもありがたいと感じるのは、自分の態度やその裏にある気持ちを、意思によって変えることができるようになったことです」。これは、女優のジェイミー・リー・カーティスが感謝祭(サンクスギビング)の日に『ハフィントン・ポスト』に寄せた一文です。ありがとうの心を育てるための、エビデンスにもとづく効果的なトレーニング法がいくつもあります。感謝に値する経験に気づくための仕組みを、生活、心の持ち方、仕事などに取り入れると、感謝する心を培うことができます。

　人間の心は、何かというと比較をするようにできています。現状と過去をくらべたり、別の可能性があったのではないかと思ったり、将来もっとも望ましい選択肢は何かといった比較を常にしています。くらべ方によっては、感謝の気持ちがかき消されてしまいます。たとえば、自分より豊かな暮らしをしていそうな人に対して、「どうして自分ではなくあの人が」などと、妬みを感じる場合などです。逆に、比較することによって、深い感謝の念がわいてくることもあります。見過ごしていたり、当然だと思っていたり、当たり前だと受け流したりしていたかもしれない恩恵に対して、「この恩恵に出合ったのは幸運だった」とありがたさを感じることができます。

10 ありがとうの練習

「不幸中の幸い」メソッド

　人生のどこかで不運や逆境に見舞われると、幸運だったときを思い返して不意に、自分はどれだけ恵まれていたかに気づくものです。貧しさ、病気、差別などに苦しむ人々に目を向けると、自分の豊かさ、健康、恩恵を「あって当たり前」などと片づけてしまう姿勢を改めることができます。

不運をきっかけに、自分が受けた恩恵に気づいた経験はありますか？ 思い出してみましょう。

第4章　さあ、感謝の気持ちを表そう

ありがとうの姿勢

　わたしたちが話したり、書いたりする言葉には、自分の考えが表れます。それがわたしたちの現実をかたちづくります。感謝の念にあふれている人は、「贈り物」「贈り手」「祝福」「幸せ」「豊かさ」といった言葉を惜しみなく使います。ところが、感謝の気持ちをあまり抱かない人々は、「重荷」「恨み」「欠乏感」「不満」にとらわれています。感謝を言葉に表すと、あなたの人生をよりよいものにしてくれた人たちの行為に意識が向きます。

　投げやりな言葉づかいをやめて、心のなかで感謝の念にあふれた対話をする習慣を身に付けましょう。感謝にあふれる人は、自分を励まし、元気にさせるように、心の持ち方を変えるのが上手なのです。ほかの人の親切に気づくようになると、ますますよいことが起きます。

もしあのとき〜だったら？

　この練習では、自分の身に起きた、またとないような素晴らしい出来事について考えます。これも、よい面に光を当てる方法のひとつ。「ありがとう」という思いを芽生えさせる効果が満点です。わたしたちは絶えず、現状とは別の可能性、過去の悲惨な状況、将来の可能性、まわりの人々の様子などをもとに、自分がいまよい状況にあるかどうかを判断しています。このような比較は、自分を不幸にする場合もありますが、逆もありえます。比較という手法は、よい結果につながるようにだけ使うよう心がけましょう。

▶◀ 引越しをする、あるいは新天地を求めて退職するなど、新たな一歩を踏み出していなかったら、人生はどうなっていたか、想像してみましょう。

▶◀ この練習を2、3日続けて行い、そのたびに新たに、人生の岐路となった出来事を思い出してください。

第4章　さあ、感謝の気持ちを表そう

感謝についてじっくり考える

　感謝の気持ちを起こすための効果抜群の手法に、「ジョージ・ベイリー効果」と呼ばれるものがあります。映画『素晴らしき哉、人生！』の主人公ベイリーは、いまにも自殺しそうなほど落ち込んでいましたが、寸前のところで、もし自分が生まれていなかったら世の中はどんなふうになっていたかを見せられます。すると、自分の人生がいかにかけがえのない、素晴らしい出来事に恵まれているかに気づき、暗い気分はたちどころに消えていきました。

　ジョージ・ベイリー効果についてのある調査では、「現在の伴侶と出会わなかったら、どんな人生になっていたと思いますか」という質問を設け、何組もの夫婦に回答してもらいました。こうすると、「夫／妻の素晴らしい美点は何か」という質問をされたときよりも、回答者の幸福感がはるかに強くなりました。

第 5 章

「ありがとう」について
誤解されていること

感謝は怠け心や鈍感さを生むのでしょうか？

感謝の素晴らしさ

　長年にわたる科学的裏付けがあることを示しても、感謝の素晴らしさは容易には理解してもらえません。感謝の気持ちだけを特別扱いすることに疑問を感じるという人もいます。

「感謝を手放しで称えるわけにはいかない」という人々の気持ちもわからなくはありませんが、そのような意見の多くは、感謝の本質をめぐる誤解やつくり話にもとづいています。そのせいで、ありがとうの習慣を身に付けることに二の足を踏み、多くの恩恵を逃してしまうのです。残念なことです。以下では、感謝にまつわる迷信のうちもっとも一般的なものを、5つ紹介します。

迷信❶　感謝は自己満足である

　わたしはこれまで、「ありがたいという気持ちを抱くと、現状に挑んだり、自分の置かれた状況を改善したりする

意欲を持たなくなる」という言葉を何度も耳にしました。「これでいいや」という思い、怠け心、無気力などのせいで、恐らく無意識のうちに、身を持ち崩してしまう……。ところが、研究からはまったく逆のことがわかっています。感謝の念を抱くと、目的意識と「変わりたい」という願望が生まれるのです。

　わたしたちが行った研究によれば、意識してありがとうの練習をすると目標を達成しやすくなるのです。この発見のきっかけとなった研究は、学業、精神性、人付き合い、健康などに関する6つの目標を決めて、10週間をかけてその達成を目指す、というものでした。健康関連の目標は、たとえば体重を減らすとか、からだによい食事をとる、といったことです。被験者の一部を無作為に選んで、ありがたいと感じたことを週に1回、5つずつ記録してもらいました。この「ありがとう日記」を付けた人はそうでない人よりも、目標の達成に向けて大きな努力をしました。目標達成度も20％高く、その後もいっそう熱心に努力を続けたのです。

ありがとうの気持ちを抱く人は、ただ座ってなどいない

「ありがとう日記」を付け続けると、熱意や緊張感が漲ってきて生き生きとします。ありがとうの気持ちがあると、心の広さ、思いやり、気前のよさなど、人付き合いにプラスとなる気持ちが芽生える、という研究結果もあります。これらの傾向はいずれも、受身の姿勢や消極性とは相容れないものです。むしろ、感謝する心が、外に出て他人のために何かをしようという気持ちを起こさせるのでしょう。少し恩返しをしよう、というわけです。

わたしたちが行った別の研究では、10歳のときに同年齢のほかの子たちとくらべて感謝の気持ちが強かった子どもは、14歳では地域活動に熱心で社会によく溶け込んでいることがわかりました。このことは『モチベーション・アンド・エモーション』という学会誌でも発表しました。感謝の気持ちにあふれる子どもたちは、物怖じせずに世の中に飛び込み、他人の役に立とうとしていたのです。

迷信❷ 感謝は単なるポジティブ・シンキングにすぎない

　感謝にこだわるのは、痛み、苦悩、逆境といった人生の現実からの逃避であるという意見もあります。しかしながら、感謝とは、ただものごとを楽観するというより遥かに奥深い行為です。その裏付けもあります。

　実際に感謝の念を抱くのは、決して簡単なことではありません。「ありがとう」と感じるためには、自分が他人に依存していることに気づく必要があります。それは気分のよいものとはかぎりません。謙虚になり、まわりの人の助けや心の広さをあるがままに受けいれる必要がありますが、これが意外に難しいのです。たいていの人にとって、受け取るより与えるほうが簡単なのです。

　感謝の念はときとして、恩義や責任を負ったという感情をもたらします。これは、ポジティブ・シンキングとは似ても似つかないでしょう。仮にわたしがあなたから何かをもらい、それに対して感謝したなら、わたしには、それを大切にしてあなたの好意を無駄にしないようにする義理が生じます。

第5章　「ありがとう」について誤解されていること

これが礼儀というものです。実際に折を見てお返しをする必要さえ、あるかもしれません。このような義理を厄介に感じ、ひどく戸惑うこともあるでしょう。

　それを示すデータもあります。感謝の念を抱いても、後ろ向きの感情から解放されるとはかぎりません。心配、緊張、不幸が軽減するともかぎりません。ありがとうの練習は、後ろ向きの感情を弱めるよりも、むしろ前向きの感情を強めるものです。もし、これが単なるポジティブ・シンキングや、ある種の現実逃避であるなら、ありがとう日記を書いているときに負の感情にとらわれることはないでしょう。ところが現実には、負の感情がわいてくることがあります。

　このように、感謝はただの温かい気持ちとは違います。感謝には責任が伴うため、より複雑な感情なのです。

迷信❸ **感謝の心は自己卑下につながる**

　誰かに感謝することは相手を立てて自分を低く評価することでしょうか？

　つまり、自分の力でその恩恵を勝ち取った面もあることを、否定することになるでしょうか？　他人の力に助けてもらったことを意識すると、自分の努力や本来の能力を過小評価する恐れがある、という意見もあります。

　そうではありません。

第5章　「ありがとう」について誤解されていること

ある研究では、被験者に「難しい試験でよい成績を上げたら賞金を出します」と伝えました。
　その後、高得点につながるヒントを授けました。

　被験者はみな、ヒントは役立ったと考えましたが、ヒントを与えられたことに感謝したのは、「得点に責任を負うのは自分だ」という意識を持つ人だけでした。感謝の気持ちは実のところ、成果は自分しだいで決まるという自覚と表裏一体の関係にあるのです。

　同じような結果を示した研究はほかにもあります。感謝の念を抱く人は、助けてもらったら相手を立てますが、結果はあくまでも自分しだいだと考えています。自分の功績も否定しません。すべて自力で成し遂げたとか、すべて他人のおかげだとか、そのような極端な発想をしないだけです。むしろ、最終的な結果は自分の力によるものだと認識したうえで、その途上で力添えをしてくれた親や先生などに感謝します。

12 ありがとうの練習

成功、勝利の記憶

　学業その他で表彰される、スポーツで優勝する、昇進するなど、自分にとってうれしい大金星を思い起こしましょう。その大金星を手に入れるためには、とても高いハードルを乗り越え、意志の強さと忍耐を示す必要があったかもしれません。ハードルが高ければ高いほど、目的を果たしたときの喜びは大きく、感謝の念も深いでしょう。それを他者と共有しましょう。

迷信❹ 逆境や苦難のさなかには、感謝などしていられない

　ありがとうの心は、逆境や苦難のさなかにこそかけがえのないものとなります。つらく苦しいときに感謝の念を抱くと、目の前の木ではなく森全体を見渡すことができ、目の前の苦難にも打ちひしがれずにすみます。それどころか、困難に立ち向かう勇気さえわいてきます。

　逆境で感謝するのは簡単ではないかもしれませんが、できないことではありません。試す価値がある、とする研究結果もあります。たとえば『ジャーナル・オブ・ポジティブ・サイコロジー』誌に載った研究では、被験者にいまでも心が動揺するような苦い出来事を思い出すよう求めました。そして３つの課題から無作為に選んだひとつをこなしてもらいました。ある課題は、心を掻き乱す経験のよい面に焦点を当てて、それに対して「ありがとう」と感じるにはどうすればよいか考える、というものでした。この課題を割り当てられた人々は、そうではない人々とくらべて、苦しい、不幸だ、という感情が和らぎました。被験者は思い出のいやな面を否定したり、無視したりするよう求められたわけではありません。そ

れでも彼らは、苦難を乗り越える力を発揮したのです。

　以前、深刻な神経筋疾患にかかった人たちに、2週間にわたってありがとう日記を付けるよう助言したことがあります。長いあいだ強い不快感や通院の負担に悩まされていた人たちですから、果たして感謝の対象を見つけられるか心配でした。しかし、蓋を開けてみると、彼らは感謝すべき理由を見つけ出したばかりか、同じような境遇にありながら日記を付けなかったグループよりも、遥かに前向きな気持ちになっていました。そのうえ、「来週はよいことがあるだろう」と感じ、多くの人は一人暮らしであったにもかかわらず、他人と積極的にふれあうようになりました。しかも、睡眠時間が増えたといいますから、心身の健康を測る大切なバロメーターでも改善が見られたわけです。

　こうした研究からも「逆境や苦難のさなかには、感謝などしていられない」というのもまた、迷信であるといえます。つらいときでも感謝の心を培ったり、持ち続けたりするのは可能です。科学的な裏付けもありますし、この能力を高めることも可能なのです。

 ありがとうの練習

「災い転じて福となす」メソッド

　逆境も回り回ってよい結果をもたらし、ありがとうの感情を呼び起こします。よい結果に意識を向けるようにしましょう。

🎀 あなたはいま、何に感謝していますか？

🎀 これまでの経験から、どのような強さが身に付きましたか？

🎀 逆境を糧にして将来の苦難に対処する力をどう高めましたか？

🎀 苦い経験はどのような恩恵をもたらしましたか？

🎀 苦い経験のおかげで自分の人生を広い視点から眺められるようになりましたか？

迷信❺　信心深くなければ感謝の念を抱けない

　これが迷信であることは、簡単に証明できます。感謝をめぐる最近の科学が、信仰心がなくても、ありがたいという思いを持つことはできるとはっきり示しています。

　神への感謝と、恵みをもたらすものや人への感謝とは、相容れないものではありません。わたしは以前、「あなたの成功や強み（知性や魅力など）の源泉は何ですか」というアンケート調査をしました。ありがとうの心にあふれる人々の多くは、神に感謝していましたが、その一方で、他人、遺伝、勤勉などのおかげだとする割合も高かったのです。

感謝の奥深さを探る

　以上のような迷信の多くは、「感謝の感情は単純なものだ」という誤解に根ざしています。わたしが感謝の研究に情熱を注いでいるのは、ひとつには感謝が意外にも複雑で奥深いものだからです。この奥深さを受けいれると、感謝がもたらす強さ、素晴らしさを享受しやすくなります。

ありがとうの練習

ありがとうなんて、と思ったら

　以下のように自分に問いかけてみましょう。

🎀 この章で取り上げた５つの迷信のどれかに影響されて、「感謝は素晴らしい」と心から感じられなかった経験は、ありますか。それはどの迷信ですか。

🎀 このほかにどんな迷信を信じていましたか。どんないきさつで、それが誤りだとわかりましたか。

🎀 友だちからこんなことを言われたとします。「たしかに感謝するのは素晴らしいことだし、普通は『ありがとう』と感じたら幸せになれるでしょう。でもわたしは違うの。あなたはわたしの境遇を知らないでしょう。こんな状況で感謝するなんて考えられない」。何と返事をしますか？

第 **6** 章

「ありがとう」の3つのステップ

ありがとうの土台を固めましょう

胸に残るありがとうと出合う 3つのステップ

　うれしい思い出としていつまでも胸に残る「ありがとう」。そんなありがとうと出合うには、①探す、②受け止める、③お返しをする、という3つのステップを踏む必要があります。以下では、その3つのステップに沿った、とても効果的な瞑想を紹介します。できれば小石を3つ手元に置き、それぞれのステップを思い出すきっかけにしてください。

> **ステップ ❶**　喜び：人生の素晴らしさを探す

　感謝の気持ちを感じるには、人生の素晴らしさに気づく必要があります。それができると、「生きていてよかった」という、素朴で純粋な喜びがわいてきます。

　喜びとは、より強く、より深く、より高い次元で人生の素晴らしさに目覚めるということにほかなりません。喜びを得るには、感謝の念に浸りながら、心の目を大きく見開く必要があります。

喜びとは、全身全霊で感じるもの。
そして、決して独り占めせず、
みんなと分かち合おうとするもの

——フレデリック・ビュヒナー（著述家、神学者）

　何かよいことがあっても、それを贈り物ととらえずに、「なるべくしてなった」「当然のこと」などという受け止め方をすると、喜びをみすみす遠ざけてしまうことになります。喜びを感じるかどうかで、逆境が至福に、あるいは至福が逆境に変わるのです。ですから、喜びと出合うには、陰の中に陽を見出さなくてはなりません。悲し

みや不幸に見舞われた後に来る喜びは、ひときわかけがえのないものです。感謝の念をもって振り返ってみると、「自分が世の中からどれだけ多くの助けを得ているかを、思い出さなくては」という気持ちになるはずです。

感謝は喜びへの扉

　喜びはわたしたちの五感を呼び覚まし、心と体にエネルギーを吹き込みます。喜びと感謝はどちらも、自分が生き生きとして、感覚を研ぎ澄ませ、世界とうまく調和した状態を表します。末永く幸せでいるためには、この状態が欠かせません。

ステップ❷　恵み：施しは恵みである

　他者の親切に気づいたら、それを受け止め、完全に自分のものにしなくてはいけません。これは簡単なことではありません。なぜなら、わたしたちはたいてい、無償で何かをもらったり、やってもらったりすることに慣れておらず、何であろうと自力でやりたいと考えがちだからです。

　相手に何かしてもらうことを恵みであるととらえれば、こちらは「借りをつくってしまった」「きまりが悪い」「引け目がある」などと感じずに、親切をすんなりと受け取ることができます。「贈り物や恩恵は、自分がそれに値するかどうかにかかわらず、相手の思いやり、心の広さ、愛情のおかげで無償で与えられたのだ」と気づくと、喜んで受け取ろうという気持ちになれるのです。わたしたちはともすると、何かをもらったり、してもらったりすることの不都合な面を気にしすぎます。それを恵みであると考えると、わたしたちは卑屈になることなく、相手の素晴らしさを素直に受けいれることができるのです。

15 ありがとうの練習

神さまっているんだ！と思う瞬間

あなたにとって、「恵み」と呼ぶべき、信じられないような親切とはどのようなものですか。どう説明しますか。以下の問いについて考えてみましょう。

▶◀ これまでに信じられないような親切を受けたことはあるだろうか。どういう状況だっただろう。その行為はどういう面で特別だっただろう。

▶◀ 信じられないような親切は、神と人間、どちらによるものだろうか。あるいは、両方によるものだろうか。人間と神の恵みは、どのような言葉や絵で表現できるだろう。

▶◀ 信じられないような親切をたびたび受けているだろうか、それともごく稀にだろうか。自分には恵みが少ないとしたら、何が妨げになっているのだろう。

ステップ❸　　愛：恩返しをする

　わたしたちは心から感謝すると、自分も同じようによい行いをしたくなり、積極的にその機会を探します。これが、感謝の３つめの要素です。

　お返しによい行いをしたいという思いは、「自分はほかの人々の親切のおかげでいままで生きてきた」という感謝の念から生まれます。恵みを受けた人は心から「ありがたい」と感じ、それが「お返しをしたい」という強い願いへと昇華するのです。お返しをすると、感謝の気持ちをかたちにして、もらうだけの立場で終わらずに、与える立場にもなれます。

感謝には2種類ある。
ひとつは、何かをしてもらって不意にわいてくる感謝の念。
もうひとつは、自分が何かを差し出したときに抱く、
より大きな感謝である

　　　　　　　　　　──エドワード・アーリントン・ロビンソン
　　　　　　　　　　　　（詩人、ピューリッツァー賞受賞）

一日一善！

　これまでにもらった数々の贈り物について、どのように感謝の気持ちを示せばよいのでしょうか。お返しとして１週間、毎日ひとつずつよい行いをしましょう。

- 誰かから受けた親切のことを友人に話し、なぜそれが大切なのかを説明しましょう。

- 友人の念願をかなえましょう。以前からずっとやりたいと思っていたのに、機会がなくてできずにいたことを、実現してあげるのです。

- 友人や近所の人たちのために、落葉そうじや芝刈りなど、みんながやりたがらない雑用やおつかいを引き受けましょう。

- 小売店やレストランなどに行ってよくしてもらったら、対応してくれた人の上司にそのことを伝えましょう。

感謝とは行動で示すもの。
それを忘れないようにしましょう

ありがとうの練習

善意のおすそわけ

　これは簡単な練習です。どんないいことがあったか、どうすればほかの人々にも同じようないいことが起きるのか、考えてみましょう。

🎀 あなたの人生にもたらされた贈り物について思いを巡らせてみてください。日々の何気ない愉しみ、家族や友人、自分の強みや得意なこと、自然の美しさにふれる瞬間、ほかの人の思いやり……。日ごろは見過ごしているかもしれないこれらの一つひとつを、この練習では「贈り物」と見なします。「贈り物」「わたしは恵まれている」「いままで恵まれていた」といった言葉を、ゆっくり、声に出して繰り返してみてください。

🎀 次に、これらの贈り物をもらったときのことを追体験しましょう。それぞれの贈り物をくれた人の、手間や労力、心づかいに思いをはせましょう。もらおうと努力したわけでも、もらって当然というわけでもないのに、その贈り物が手に入ったということについて、考えてみてください。贈り物を味わい、楽しみ、喜びを感じ、それがなかったらどんな人生に

なっていたかを想像して、贈り物のありがたさをいっそうかみ締めましょう。「あって当然のもの」ではなく「大切ないただきもの」ととらえましょう。いままでにもらった驚きに満ちた贈り物、思いも寄らなかった贈り物を、思い出しましょう。

贈り物だと思えば、すべてのものが輝きを増す

——G・K・チェスタトン（作家、哲学者）

贈り物は、永遠にわたしたちのもとにとどまるわけではありません。むしろ、一時的な預かりものなの

です。素晴らしい贈り物は、わたしたちにもたらされ、やがては誰か別の人の手に渡ります。わたしたちは、もらう側であると同時に贈る側でもあるのです。あなたは今日、どんなプレゼントをもらいましたか。それをどのように次の人に手渡すことができるでしょう。澄みきった、果てしない水の流れを目に浮かべてください。その流れが自分を通り抜けていく様子を思い描くのです。

▶◀ 自分が贈り物の通過点であることを意識しながら、次のように自問してみてください。「どうすればこの善意を、必要としている人のもとに届けられるだろう」「どうすれば、この贈り物をほかの人々と分かち合えるだろう」。贈り物を自分だけで抱え込まないと、誓いましょう。これまでに受けたさまざまな恩恵に対して、どうすればお返しができるでしょう。贈り主を称えるには、具体的にどういった方法があるでしょう。恩送りはできるでしょうか。自分がもらった贈り物について、誰に話せるでしょう。あなたのあり余るほどの「ありがとう」という思いを、ほかの人々への恵みに変えて、まわりのみんなを幸せで満たしましょう。

第 7 章

「ありがとう」って
どんなイメージ?

ありがとうの精神は感情の溝を埋める
詰め物のようなもの

感謝の気持ちを思い描く

「人間は何かを考えるとき、必ず頭のなかで絵を描いている」。アリストテレスが残したとされるこの有名な言葉は、感謝の持つ素晴らしい力を伝える際に、とりわけ有用です。わたしたちが感謝の心について考えるときには、何か別のものにたとえてみるといいでしょう。具体的な絵を思い描くことは、わたしたちに自己変革を促し、よりいっそう感謝にあふれた人生を歩むきっかけをつくってくれます。たとえば、感謝は「すべての扉を開ける鍵」というイメージはよく使われます。充実した人生への扉を開き、豊かさ、繁栄、充足感をもたらしてくれる「鍵」です。

大学の教壇に立つなど、おおぜいの前で話をするのが仕事のわたしにとって、こうしたわかりやすいたとえは、いわば商売道具です。具体的なイメージがどれだけアイデアに息吹をもたらし、想像力をかきたて、具体的な行動へとつなげることに役立つか、この目で見てきました。たとえは単なる言葉あそびではありません。意味をふくらませ、理解を助けてくれます。励ましたり、導いたりしてくれます。こうしてわたしたちは、古くからの真実を新鮮な目で眺められるようになるのです。

「ありがとうは人と人とをつなぐ糸」

わたしたちは生来、誰かとつながっていたいという強い願いを持っています。そして感謝の心の有無は、人間関係にとても大きな影響をおよぼします。

感謝は人と人とをつなぐ糸。一つひとつの「ありがとう」は、人間関係をおおむね良好にしますが、これは切れやすい糸でもあります。絆を弱め、やがては断ち切ってしまうかもしれません。その原因は、忘恩、不義理、不満、権利意識などです。ですが、糸を切れにくくする方法もあります。実績のあるその方法を使うと、感謝に満ちた人生を送り、その果実を得ることができます。

ありがとうの心は、
人とのふれあいすべてを
素晴らしいものにします

思いを伝える手紙を書く

　お世話になったのに、うまくお礼を伝える機会を持てずにいる、そんな相手はいませんか。その人は、先生、相談相手、コーチ、それとも親友でしょうか？

▶◀ その人に向けて、少なくとも30分ほどかけて、感謝の気持ちを手紙にしたためましょう。なぜ感謝しているのか、自分の人生にどのような影響を受けたか、その人からもらった力添えや心づくしをどれだけ頻繁に思い出しているかを、具体的に書いてください。

▶◀ もし手紙を自分で届けることができそうなら、用件を伝えずに訪問の約束をとりつけましょう。実際に会えたら、手紙を大きな声で読み上げてください。きっと感動で胸が詰まるでしょう。あなたの感謝の気持ちを知った相手も心を動かすことでしょう。その様子を目に焼きつけましょう。感謝したい相手と自分、両方に関わる経験を語りましょう。折を見て、友人にもその話をしましょう。

「ありがとうは究極のサプリメント」

　世の中に流通する、さまざまな効果を謳うサプリメントとは違い、ありがとうの心は副作用がいっさいなく、どれだけ服用しても多すぎる心配はありません。感謝の気持ちは、研究対象となる人生のあらゆる面に、好ましい効果をおよぼします。

19 ありがとうの練習

姿勢が大事！

　活動的でいると、感謝の気持ちを抱きやすくなります。よい姿勢を保つだけでいいのです。姿勢が悪いと、積極性を失い、感覚がにぶくなり、眠くなり、動きものろのろとしてきます。肩をすぼめていると、気分が沈んでしまいます。逆に、背筋を伸ばして肩を開いていると、決意、自信、熱意がわいてきて、幸福をつかみやすくなります。

▶︎ どこにいても、
　　いますぐ背筋を
　　伸ばしましょう。

ありがとうの練習 20

からだの内観

　第3章（37ページ）で紹介した内観は、感謝の心を育てる方法のひとつです。からだの役割をじっくり考えてみると、そのありがたさを意識できるようになります。

　五感は、感謝への「入り口」の役目を果たします。「感謝とは、ほかのすべての感覚を目覚めさせる第六感」という見方もあります。わたしたちは、触れる、見る、嗅ぐ、味わう、聴くといった能力をとおして、人間であることの意味、生命の神秘に気づき、感謝するのです。

　たとえば、味覚について考えてみましょう。わたしたちは1万もの味蕾を持ち、そのおのおのが約2週間ごとに生まれ変わっています。これはすごいことではないでしょうか。味蕾は鼻の嗅覚器と連動するため、わたしたちは料理を舌と鼻の両方で、心ゆくまで味わうことができます。歯はとてもよく働いてくれていますが、そんな働き者の歯に対してどんなお返しをしてきたでしょう。きちんと手入れをしてきたでしょうか？　このようにからだについてじっくり考えてみると、人体という奇跡のような創造物のありがたみを、より深く実感できます。

「ありがとうは、世界共通の通貨」

　ありがとうの気持ちは、世界共通の通貨です。お礼の習慣、伝統、しきたりは世界中どこにでもあります。わたしたちは感謝の気持ちを抱くと、自分が大きくて複雑な人間関係のなかにあり、それによって助けられていることに気づきます。感謝の気持ちは、人と人との関係を支える力であり、助け、助けられるという相互関係の
要(かなめ)でもあります。

「ありがとうは、アプリではなくOS」

　ありがとうは、付属物、おまけ、追加機能、やることリストのチェック項目のような、いわばスマホのアプリのようなものとは違います。根本的な生き方そのもの、いわばまったく新しいオペレーティング・システム（OS）なのです。ですから、「ありがとうの心を育てる」アプリを使っても、たいていは三日坊主で終わってしまいます。アプリを使って、感謝に満ちた人生がどういうものか一瞬垣間見ることができたとしても、実際に経験したことにはなりません。

「本当のありがとうは、台詞ではない」

　借りをつくってしまったという思いを振り払うためだけに、わたしたちは心のこもらない形だけの感謝の気持ちを述べたりしていないでしょうか。その言葉が本心から出たものかどうか、相手は気づくはずです。ですから、「ありがとう」と言うときは心を込めましょう。お世話になった人へのお礼の気持ちを「心から感謝しています」と丁寧に表現する人は、ただ「ありがとうございます」と言う人よりも、「本心からありがたがってくれているのだな」と受け止められることが、ペンシルベニア大学ウォートン・スクールの研究からわかっています。

21 ありがとうの練習

より深いありがとう

　明日から7日間、心を込めて感謝の言葉を述べる練習をしましょう。誰かに何かをしてもらったら、その大小にかかわらず、相手に意識を集中して、かかった手間や費用にも触れながら、具体的に感謝の言葉を述べましょう。たとえば、「ベッドまでお茶をはこんでくれてありがとう。このために毎朝早起きしてくれているのよね。やさしいね」というように。何かをしてもらった事実にただふれるだけでなく、自分なりの表現で感謝を伝えます。

**感謝の思いを込めると、
「ありがとう」の価値が増します**

ありがとうのイメージを描く

▰ この章では、鍵、糸、サプリメント、OSなど、「ありがとう」の具体的なイメージをいくつか紹介しました。あなたにとって、感謝をもっともよく表すのはどれですか。それはなぜですか。

▰ 自分なりに感謝の気持ちを何かにたとえてみましょう。

幸せへの扉には鍵がかかっています。鍵を開けると、扉はすぐに大きく開きますが、そのすぐ後ろでまた別の扉が閉まってしまいます。毎日、何度となく扉を開けなくてはなりませんが、使える鍵はただひとつ、感謝の心だけです

——フォーン・ウィーバー
（著述家、HappyWivesClub.com の設立者）

第 **8** 章

最後のレッスン

無理な努力はやめましょう

まずは受けいれることから

　わたしは以前、「感謝の心を糧にして成長するには、時間をかけて努力するしかない」と考えていました。そのために特別に手帳を買って日々の感謝を記したり、時間をやりくりしてありがとうの練習をしたり、ときには思索にふけるために環境を変えることも必要だと。

　このどれもが、強い意志と根気強さを必要とします。もっと多くの練習をもっとうまくこなし、その妨げになることは避けなくては、とわたしは思いました。ところが、がんばりが限界に達して、感謝が恩恵どころか重荷になりそうな状態におちいってしまいました。感謝とは本来、気持ちを明るくするものですから、これでは本末転倒でしょう。

　そこでわたしは、「まずは、自分に何が足りないかではなく、何が足りているかを強く意識して、地に足の着いた暮らしをすることだ」と悟りました。まわりから自分がどう支えられているかに、意識を向ける必要がありました。ほかの人からの親切を素直に受けいれることが第一歩です（これは68ページで紹介したありがとうのス

テップの2つめです)。周囲の人からの慈愛に満ちた、身にあまる恩恵を、喜んで受け取ること、そこから始めましょう。

 23 ありがとうの練習

「してもらったことリスト」をつくる

「ありがとう」と感じるきっかけは、これまでにしてもらったことであって、これからすべきことではありません。「することリスト」を使うのをやめて、「してもらったことリスト」をつくりましょう。

▶◀ 少し時間をとって、「この24時間にほかの人からしてもらったこと」に意識を集中してみましょう。「これからの24時間にしなくてはならないこと」は頭から消してください。

問題は自分ではない

「自分がどれだけ進歩しているかを知りたい」という気

持ちは抑えましょう。そんなことを気にすると、かえって結果が悪くなるだけです。感謝を表すときに、相手からどう受け止められるだろう、相手はどんな反応をするだろう、ということにばかり気を取られてしまうのです。

▶◀ 自分についてあれこれ考えるよりも、他の人々から受けた数々の恩恵で頭を満たしましょう。

自分にありがとう

「片時も感謝の心を忘れてはいけない」と考えるのは大きな誤りです。そもそもそんなことは不可能です。ですから、感謝の心を少しのあいだ忘れたとしても、「しまった」などと思わないでください。感謝の気持ちは自分にとって好ましいものであり、心に抱くべきものであり、それによってよりよい人生を送れるはずだとわかっていても、ときとして「ありがとう」という気持ちになれず、後ろめたさを感じてしまう場合もあります。

▶◀ 自分が誰かのためにしたよい行いを、すべて数え上げてみましょう。自分の強みや美点を称えましょう。

自分の価値を忘れずに

 25 ありがとうの練習

命の火を
ともしてくれた人

ときには、自分の力では命の火を燃やし続けることができず、誰かの力でともしてもらうことがある。わたしたちはみな、命の火をともしてくれた人々に、深い感謝を抱く理由がある

——アルベルト・シュヴァイツァー（人道主義者）

▶◀ あなたのために火をともしてくれたのは誰ですか？ 暗闇や絶望からわたしたちを救い、道に迷ったときに居場所を見つけ出し、明るい場所へと導いてくれた人たちへの感謝を、どう表せばよいでしょう。

第8章　最後のレッスン

26 ありがとうの練習

ひらめきを感じる

　感謝の力によって自分が大きく変わったかどうかを知る決め手は、ひらめきがあったかどうかです。感謝の気持ちを抱いたときに心が打たれるような感覚が生まれることがあります。ほかの人が何かに対して感謝する様子を見てそのような気持ちになることもあるでしょう。

🎀「ありがとう」と感じたのがきっかけで、何かをひらめくことはありますか？ 具体的にどのような場合ですか？

感謝を伝える

　感謝の気持ちを表し、他人から受けたのと同じような善意を今度は自分が誰かにほどこす。これにはさまざまな方法があります。

　わたしは「善意を贈る」という表現が気に入っています。なぜならこの表現には、「自分の資質や能力を出し惜しみしたり、ムダにしたりせず、それらを生かして感謝を表す」という意味が込められているからです。感謝を胸に抱くだけでなく、それを表現し、伝えるのです。わたしは、これまで15年にわたって感謝についての研究をしてきましたが、これまでに学んだもっとも大切な教訓は、「自分を第一に考えてはいけない」ということです。わたしたちは、この真理に気づいてはじめて、本当の意味で感謝に満ちた暮らしをして、それによるご褒美を得るようになります。感謝の心が幸せを招き寄せてくれるのです。

ロバート・A・エモンズ Dr. Robert A. Emmons

感謝学の世界的な権威。カリフォルニア大学デイビス校教授(心理学)。同大学 Gratitude Lab(感謝研究所)ディレクター。学術誌、ジャーナル・オブ・ポジティブ・サイコロジー創刊編集長。著書に『Gの法則―感謝できる人は幸せになれる』(2008年、サンマーク出版)などがある。

ありがとうの小さな練習帳

幸せを招き寄せる感謝のレッスン26

2016年12月23日　第1刷発行

著　者	ロバート・A・エモンズ
訳　者	Lurrie Yu
発行者	長坂嘉昭
発行所	株式会社プレジデント社
	〒102-8641
	東京都千代田区平河町2-16-1
	電話　編集(03)3237-3732
	販売(03)3237-3731
装　丁	ナカミツデザイン
編　集	中嶋　愛
制　作	関　結香
販　売	桂木栄一　高橋　徹　川井田美景　森田　巖
	遠藤真知子　塩島廣貴　末島秀樹
印刷・製本	凸版印刷株式会社

Illustrations by Abigail Read
Original book design by Isabel de Cordova

©2016 Lurrie Yu
ISBN978-4-8334-2213-0

Printed in Japan

Gratitude gives us
the strength of character
to make life better
not only for ourselves
but also for others.